노동의 꽃

시산맥 시혼시인선 009

초판 1쇄 발행 | 2020년 10월 20일

지 은 이 | 박재홍
펴 낸 이 | 문정영
펴 낸 곳 | 시산맥사
편집위원 | 강경희 박성현 전철희 한용국
등록번호 | 제300-2013-12호
등록일자 | 2009년 4월 15일
주　　소 | 03131 서울특별시 종로구 율곡로 6길 36,
　　　　　월드오피스텔 1102호
전　　화 | 02-764-8722, 010-8894-8722
전자우편 | poemmtss@hanmail.net
시산맥카페 | http://cafe.daum.net/poemmtss

ISBN 979-11-6243-139-9 (03810)

값 10,000원

* 이 책은 전부 또는 일부 내용을 재사용하려면 반드시 저작권자와 시산맥사의 동의를 받아야 합니다.

* 이 도서의 국립중앙도서관 출판시도서목록(CIP)은 서지정보유통지원시스템 홈페이지(http://seoji.nl.go.kr)와 국가자료공동목록시스템(http://www.nl.go.kr/kolisnet)에서 이용하실 수 있습니다. (CIP제어번호 : CIP2020042110)

* 이 도서는 한국출판문화산업진흥원의 '2020년 출판콘텐츠 창작 지원 사업'의 일환으로 국민체육진흥기금을 지원받아 제작되었습니다.

노동의 꽃

박재홍 시집

* 저자의 의도에 따라 작품의 보조 동사와 합성 명사는 띄어쓰기가 달라질 수 있습니다.

* 본문 페이지에서 한 연이 첫 번째 행에서 시작될 때에는 〈 표기를 합니다.

* 이 시집은 교보문고와 연계하여 전자책으로도 발간되었습니다.

■ 시인의 말

  꽃을 생각하면 집 뒤안의 박태기꽃이 생각난다. 아름다움 한가로움 즐거움 관조 봄 여름 산과 들 강의 풍광도 아니고 적어도 인간의 허기에 대한 이미지를 떠올리기 때문에 사람 중에는 극히 드문 경우라고 가늠할 수 있다.

  꽃과 사람, 꽃과 모성애의 희생이 가져온 나르시시즘이 자연스럽게 연결되고 있었다. 금 간 논빼미 갔던 손바닥과 발바닥, 자궁이 내려앉아 거북해하던 동작, 민중이기 이전에 투박한 삶의 눈길이 머문 곳이 어딘가라고 되물었을 때 디에고 리베라의 그림 중 꽃 운반 노동자가 생각났다.

  소라게처럼 짊어진 거대한 허기의 가난, 가족을 지키기 위한 치열한 하루가 무슨 꽃인지는 모르지만 제 계절에서 핀 풍성한 허기를 메우는 밥 한 그릇 애틋하게 나누던 저녁, 불도 없이 더듬던 침묵의 밥상을 마주하고 버거운 동작을 하는 중에 느끼는 그것이 천형처럼 느껴지는 유전이었다는 것을 비로소 세월이 묵어야 알 수 있었다는 것이다.

그렇기에 노동의 꽃이 아름답지는 않다. 많은 시인 묵객들이 노동의 꽃을 더듬고 지나갔지만 금번 시집에서 말하는 노동의 꽃은 매우 단순하다. 장애인으로 살아오는 동안 어깨에 둘러멘 나의 삶은 늘 팽팽했고, 있는 힘을 다해서 내 삶의 무게를 들어 올리려 애쓰는 흔적이 역력하다. 그래서인지 다시 봐도 내 삶은 아름답지 않다. 심지어 나를 품고 낳아 포대기에 짊어지고 산 여인을 괴롭히는 괴물처럼 느껴졌다.

 그러한 까닭인지 그 저변에 저항이 서려 있다. 가진 자들의 탐욕스러움이 더 선명하게 보였고, 작품의 행간에 그 진한 동물적 체향이 진하게 배어 있다. 전통적 문명과 살아온 날 수와 살아갈 날 수를 진한 가족애를 통해 표현하려고 노력했다. 특히 빈번하게 등장하는 모성애와 부성애는 박해받는 노동자, 농민의 삶의 허기진 비슷한 주제의 수많은 작품이 있으나 결국 힘겨운 노동과 고된 삶의 저간에 파노라마처럼 펼쳐질 수밖에 없었다. 누가 민중을 순박하다고 말했는가? 화려할수록 저리고 더 고통스러운 경험되어진 현장성 대상이 '내 집'이었을 뿐이다.

시종일관 편집을 도와준 박지영 시인, 표지화를 흔쾌히 허락하신 야산 박순철 화백, 추천하여 작품집 발간지원에 선정되게 도와주신 시산맥 문정영 발행인께 깊은 감사를 드립니다.

2020.10.20. 梧軒詩書畵樓 朴宰弘 拜

■ 차 례

1부

못대가리를 쳐내며 _ 021
어느 노동자의 죽음 _ 022
농사의 지문 _ 023
자개농 _ 024
하루 일당 받고 집 마당에 들어서는 아버지 _ 025
태풍 지나간 자리 _ 026
후흑구국 厚黑救國 _ 027
초파일 연등 _ 028
면후흑심 _ 029
'우리'라는 통점 _ 030
학대 _ 031
명절 전前 풍경 _ 032
춘장대해수욕장 _ 033
콩나물국 _ 034
부자유친 父子有親 _ 035

2부

양날의 검劍 _ 039
포스트 아메리카 _ 040
하찮은 존재 _ 041
욕망의 기술 _ 042
해외뉴스 _ 043
노동의 꽃 _ 044
왜 그리 바뀌지 않는지 _ 045
추석 前 _ 046
코끼리 유배지 장도 _ 048
노루궁뎅이 섬 _ 049
장도 가는 길 _ 050
구운돌 _ 051
산을 오르는 마음 _ 052
엄마의 퇴원 _ 053
실치 _ 054

3부

철부선 _ 059
부수마을 _ 060
공동작업 _ 061
대촌마을 _ 062
여자만 _ 063
배처럼 흔들릴 때 장도사랑호를 타보세요 _ 064
날씨가 흐릴수록 몽환적인 노동 _ 065
빈집 기둥에 기대어 _ 066
폐교 _ 067
사라나무 _ 068
내가 원하는 섬 _ 069
전망대 _ 070
다시 일상으로 _ 071
꿈 _ 072
적선積善 _ 073

4부

인간이란 재화 _ 077
오일장 _ 078
장애를 앓고 심부름을 대신해 준 아이들에 대한 단상 _ 079
장애가 낯설 때도 있었다 _ 080
그놈이 그놈이여 _ 081
울돌목 _ 082
면후흑심2 _ 083
묘목 _ 084
길 떠나기 前 _ 085
아침 산을 내려오는 아버지 _ 086
나는 시를 모른다 마는 _ 087
콩나물시루에 물 줄 때 _ 088
제물祭物 _ 089
발원發願 _ 090
눈 오는 아침 _ 091

■ 해설 | 진순애(문학평론가) _ 093

1부

못대가리를 쳐내며

   대나무 평상의 골 사이로 쑥향이 소슬거리고 있을 무렵, 아버지는 모깃불을 등불 삼아 흔들거리는 와상의 귀퉁이를 두드려 흔들거리는 정도를 가늠하며 자잘한 못을 추려 하나를 골라 못대가리를 돌 위에 놓고 망치로 내리치고 있었다

   달빛에 번들거리는 아버지의 어깨 근육은 체 게바라 눈빛처럼 맑았다 전복을 꿈꾸는 사람들의 광기에 쇠의 권력은 무상했다 노동은 신기神氣다

어느 노동자의 죽음

밥은 노동에게 있어 나무의 근원처럼 밑동이다 숟가락을 놓는 이유는 다분하게 묏자리 들어선 이들의 이야기처럼 많을 것이나 너를 묻고서 등 떠밀려 내려왔는지 아직 설익은 토사에 쓸려 왔는지 모르지만 차창 밖에는 징허디 징헌 노을이 하염없었다

농사의 지문

 낡은 발코니에 서럽게 흔들리는 바람처럼 앉은 새, 등 뒤에는 하루 종일 패인 등골이 말라비틀어져 자국만 남고, 멍석 위에 고추를 말리고 있다 볕 좋은 곳에서 노동의 지문이 암각화처럼 흐릿하게 여운처럼 남겨져 세월의 앙금인지 누대에 걸친 흔적만 있을 뿐 지금 나도 지워 지고 있는 중이다

자개농

 6개월을 씨름하던 네 자짜리 호마이카 농을 자귀로 때려 부수는 아버지를 보았다 '당신한테는 안 팔아' 화려한 자개농이 조각나 들여다보는 내 얼굴이 자개 속에서 울고 있었다 낮부터 술추렴에 노을처럼 붉은 아버지 몸에서 나는 술내가 다래향처럼 그윽했다

하루 일당 받고 집 마당에 들어서는 아버지

　동네 김 씨 아저씨와 몇몇이 겨울에 '놀면 뭐 해?' 하면서 건축현장에 일당을 받고 일을 하러 다녔다 새벽에 커다란 총각무 반쪽에 연탄불 위에 올린 양은 대접에 찰랑거리는 막걸리 한잔에 허기를 메우며 사나운 눈빛이 되어 '나 다녀올라네' 하고 훌쩍 정제 문턱을 넘을 무렵 방 안의 엄마는 '그라시오 고생허시요잉' 이미 아버지는 모습이 사라졌다

　어둑해질 무렵이면 개들도 주인을 찾는다 문 앞에서 꼬리를 흔드는 것이 '너 아베 오나 부다' 연기가 무성한 정제에서는 밥물이 넘쳤고, 쿨럭거리는 엄마의 흐릿한 등이 보이고 돌아서는 찰나에 아버지는 개를 쓰다듬고 있었다

　눈길을 건네는 아버지는 어둑새벽 사나운 눈이 아니라 노동에 지친 허기진 눈에 상불처럼 출렁이는 사랑이 영글어 있었다

태풍 지나간 자리

 후드득 빛 좋은 개살구처럼 구르고 있었다 태풍이 지나간 자리에 아버지의 노동의 잔해들이 퇴적층을 이루고 아버지는 한 소쿠리 먹을 것만 가지고 돌아오는데 뒤꼍을 도는 눈빛에 출렁거리는 바다가 보였다 염전에 일렁이던 하오의 태양처럼 붉게 충혈되는 일조가 있었다

후흑구국 厚黑救國 *

  독도를 지도에서 지운 일본의 뻔뻔함, 한미일 공조를 깨뜨리는 짓, 오랫동안 숨겨온 '처세술' 정도로 치부하기보다 부화뇌동하는 천민의식을 가진 자본가들에게 가르쳐 주어야 해

  독립과 자존감은 국민의 의식에서 나오는 것을 BTX는 밥 딜런을 보면 알 수 있잖아 '자루 속의 콩은 콩이 아니야 맨날 필요할 때 꺼내 쓰는 콩이 아니야' 누천년의 역사를 가진 우리나라는 다음 세대를 준비하고 있는 정체성의 존엄을 보여줘야 해,

'21C 우리는 뻔뻔함과 음흉의 미학을 배워야 해'

---

 * 청조 末(말) 기인 이종호가 面厚(면후)와 心黑(심흑)을 학문으로 집대성

초파일 연등

 긴 여로를 돌이켜 고향을 찾는 부처는 사라나무에 기대어 있었지 예비 된 열반에 들기 전에 '法과 律이 선사의 말씀과 위대한 큰 스승 대신 너희들의 스승이 될 것이다'라고 아난다 존자에게 일렀지

 法과 律을 모르는 엄마와 아버지는 초파일 증조부 기일에 올릴 제물을 위해 두어 달을 새벽에 나가 저녁 늦게 돌아오는 노동의 탁발을 떠났고, 5천 원짜리 영가등 하나 달면 현세와 내세에 망자의 소통이 가능한 줄을 몰랐고, 오롯하게 발원과 비원에 신명을 다하는 제사로 개벽을 꿈꾸지 않았나 싶다

면후흑심

 바다가 뒤집어져야 만선이 되는 것처럼 문학상을 뒤집는 봉기를 하여 창창한 문인들을 실어 오고 싶다 표정 없이 앞에 앉아있는 뻔뻔함과 줄 세워 조리돌리는 음흉함의 검은 마음을 대놓고 보이는 진동하는 냄새와 풍문을 태풍이 되어 동해로 내치고 싶다

 가끔 인사동 맛집들을 돌다 보면 여기는 누가 잘 가고, 저기는 누가 잘 가고 이렁저렁 얘기들을 하는데 얼마나 많이 질펀하게 좌전을 폈으면 '허기진 문인들은 육수만 하염없이 갈며 떠먹으며 줄타기를 하는데 그 행색이 무릇 소외계층'이라고 불리는 것에 연연하지 않았다

 쓰다 쓰다 지쳐 몸도 맘도 행사장만 돌다 술집 귀퉁이에서 젓가락 장단도 아닌 일도양단 내려치는 모양새다 '얼굴이 더 두꺼워야 하는데, 마음이 더 음흉해야 하는디' 하며 간간이 술 냄새가 입김을 타고 건너왔다

 앞에서 마이크 잡는 모 대학 교수는 뽀송한 얼굴로 마이크를 잡고 게슴츠레 치뜬 눈에 초점이 없다 얼굴도 두껍고 입가에 묻은 기름이 서늘한데 음흉하게 보인다

'우리'라는 통점

　새들이 무언가를 들고 공중으로 치솟는다 디딜 곳이 필요한 모양이다

　바다는 지는 해를 붙들고 중천에 이르고 사람은 하나둘 금빛 노을로부터 회기하고 있다

　곧이어 저녁 어스름 소리 없이 갈대 밑동에 이를 즈음 노동에 지친 이들의 신음이 갈대숲 속에서 소쩍새처럼 운다

　노동은 누군가의 체온을 느끼기 전에 통증에 반응하는 신음을 나눈다

학대

 잡어 한 상자에 '만원', 말갛게 개인 가을 하늘 표정으로 내민다 항구에서 공판장으로 간 상품과는 달리 다른 이들과 함께 도매금으로 본디 이름과는 달리 '잡어'로 불리는 것이 그렇다 허름한 주머니 속을 더듬으며 들어선 홍원항이 나 같다는 생각에 나도 모르게 와락 달려든 눈물을 훔칠 새도 없이 사고 말았다

 다듬고 불리해 냉동실에 넣고 국거리, 구이, 젓갈 등을 떠올리고 있었다 염장 되어진 나마저도 분리해 해체해 버리는 정체성 없는 학대 오늘 같다

명절 전$_{前}$ 풍경

　니미 씨벌 내가 돈을 쟁여놓고 안주요 없응께 못 주제 안 주는 것이 아니랑께 안 그요 없는 돈을 맹글라 하면 저 시꺼멓게 눈뜨고 내 얼굴만 바라보는 애들은 어쩌것소

　생기면 줄 테니까 이왕 기다리는 것 쫌만 기다려 주시오 내 바로 내달에 줄텐께 혼자 화기에 가슴을 치는 아버지를 망연자실 바라보던 빚 받으러 온 김 씨 아저씨는 말없이 돌아섰다

　먹던 숟가락을 놓고 빈방을 창고처럼 쓰는데 아래채에서 올려다보는 내 시선도 아랑곳 않고 그 마루에 걸터앉아 가래를 '칵'하고 뱉더니 방문을 열고 제주$_{祭酒}$로 쓰던 정종을 병나발을 분다

　오늘 저녁은 숨도 못 쉬고 자겠군 하고 나는 내 방을 향해 방문을 닫는다

춘장대해수욕장

춘장대에는 여름을 다녀간 발자국 사이로 이삭을 줍는 새들의 모습과 갈 데 없는 연인들이 조금은 싸게 내어놓은 식당의 음식을 춥지도 덥지도 않은 사랑처럼 아니면 지긋한 사랑을 잊어버리고 앉아 후루룩 마시는 국물이 타고 넘으며 뎁히는 심장처럼 찰라와 한적함이었다

사랑은 서로 객관적으로 낙지론*을 펼치는 객관식보다는 절박함이 오늘을 다하는 염통처럼 데워지는 것이라는 것을 알게 하는 힘이 있었다 아직 저녁 어스름에 숨는 가난 같았다

* 중장공의 낙지론

콩나물국

 울지 마라 니 속만 아프냐 내 속도 아프다 '아무 말도 하지 마' 쳐다보는 내게 그려 안 할랑께 울지 마라 다독이는 중에 들리던 콩나물시루에서 떨어지는 물방울 소리 '저 시발놈의 콩나물시루를 언젠가는 작신 깨 불랑께' 하고 마음먹었다

 아침이면 어김없이 어제는 말간 콩나물국 오늘은 된장 넣고 두부 넣고 콩나물 넣은 국이 올라왔다 환장하는 것은 슬픔만큼 혹은 오늘 당신의 노동에 관한 통증만큼 콩나물이 자란다는 것이다

부자유친 父子有親

  불안에 받은 때아닌 전화를 받았다 니 아베가 약을 묵는다고 산으로 올라갔다 아야 니 아베 없으면 나 못 산다 흐느끼는 전화를 끊었다 고모부 빨리 산으로 올라가 아부지 말리시오 또 사단낼 갑소 지금 나 벌교로 가요

  당신 그렇게 살면 안 되지 나한테 당신이 어떻게 했는데 이제는 자식 발목 잡고 가고 싶소 그렇게 할라요?

  물끄러미 호스 낀 입에서 '미안허다'라는 우물거리는 입술이 말라비틀어지고 원무과를 향해 돌아서는데 큰 막걸리통만 한 세척제를 세 통을 들이부었다네 하는 수런거리는 소리에 눈앞이 까매지고 있었다

  그 사이에 형은 형수와 눈길을 주고받으며 의논을 끝내고 병원비를 정산하는 셈을 하고 있었다

2부

양날의 검劍

 말하자면 '善'도 아니고 '惡'도 아니여 개인도 없고 국가도 없어 무조건 돈 되는 것은 다해 그놈은 지 할애비 때부터 일본 자본의 앞잡이제 이제는 글로벌 자본 중에서 죽음의 상인들 중 수위를 차지한다고 보면 되겄어

 예를 들어 생산과 품질 경영으로 '무노동조합'을 주창하고 최고의 대우랍시고 월급 국내최고를 부르짖고는 뺑이를 돌리는데 산재는 또 무산재야 하는 것이제

 후흑의 논리를 빌면 선하게 사용하면 그자는 선인이요, 악하게 사용하면 악인 것이제

포스트 아메리카

 후흑학은 불온서적이 되었다는데 1911년이라든가? 선악이 양날의 칼이라는 것은 이미 자본주의의 '권력'에 작용하는 힘의 이론이며 역적에게 사용되면 독재가 되고 촛불처럼 선하게 일어나면 그것이 선한 정권 창출이 될 수 있는지는 '모호하다

 그래서 포스트 아메리카를 재촉하는 트럼프는 '불온하다'

하찮은 존재

 누군가 "내가 속한 아프리카도 정상은 아니지만 '퍼스트 아메리카'를 주창하게 된 미국은 생각지도 못했다"는 말에 판문점에서 남과 북 경계를 넘나드는 트럼프의 '퍼포먼스'는 면후面厚였고, 사회적 기업을 창업하고 9년을 미국에서 산 아일랜드인의 말을 빌면 미국의 가치와는 상당히 다른 사실을 깨닫고 유럽인으로 '정상적인 삶'을 살던 가치로 회기를 꿈꾸는 새가 되었다 그것은 흑심黑心에서 비롯된 '불공정하고 부당하고 어리석은 행위' 또는 '앙심' 때문에 포스트 아메리카는 '옹큼한 마음에서 비롯'된 하찮은 존재로 전락하고 있다

욕망의 기술

 시대의 타임라인을 걷는 이들은 '솔직한 감정을 내어놓는 것'이 바른 처세라고 믿지만 '작은 태도를 내어놓을 때'도 신중하라고 '사소함'에 내 약점을 거저 넘기는 다육식물의 먹이로 전락할 수 있다

 '욕망을 보여주지 마라 꿈도 소망도 보여주지 마라 스스로를 제어하고 다스리는 힘을 길러라 그러면 단 한 편의 시도 뜨거운 심장도 타인의 눈물이 나의 통점이 되지 않을 것이다'라고 말하지 못하고 돌아섰다 아이에게

해외뉴스

 달이 보이지 않는 날은 강을 볼 수도 없었네 하얗게 목을 꺾는 상사화 등에는 짙은 땀 냄새가 났다

 연합뉴스에서는 모스크바발로 "쿠르드 민병대, 터키 국경 인근 시리아 북동부 완충지대서 철수"라는 제목으로 "시리아 북동부 지역을 통제 중인 쿠르드 민병대가 '안전지대' 창설에 관한 미국과 터키 간 합의 이후 터키 국경 인근 지역에서 철수를 시작했다"고 27일(현지시간) 밝혔다

 이는 다시 정부군과 반군의 처절한 전투와 살육의 장으로 입장하는 것이다 민족적 고난은 늘 땀 냄새와 피 냄새가 섞여있다 그렇다고 생명과 역사의 수레가 끊긴 것은 아니다

노동의 꽃

 좌전에 앉아 환하게 웃는 주름진 얼굴은 황홀하게 타오르는 뻘밭의 결이고 표정이었는데, 그것은 시장 입구부터 사모님 소리를 듣는 자본주의의 기름진 얼굴에 눌려 그늘 속으로 숨는 허기였고, 사랑은 누구라도 그렇게 지켜지는 것이라 믿는 이 서러운 땅에 태어난 꽃 나는 그것에 말없이 코를 대고 지워진 기억 속에서 떠올리는 달 같고 태양 같은 이야기

왜 그리 바뀌지 않는지

 하루 종일 기둥의 못에 걸린 밥 바구니를 보며 울던 유년의 나는, 밀물처럼 밀려드는 허기를 참고 아득해지는 시를 썼었는데 그러는 중에 내 건너편에 흐르던 강은, 황홀한 깃을 쪼며 먹이를 찾는 고니에 고고성呱呱聲을 들려주었지

 사람들 사는 이야기는 서로 다르지 않고 입술을 깨물고 참는 중에 스스로 위안을 찾는 치유 기능은 얼마 살지 못하고 숨을 거두는 들꽃과도 다르지 않았고, 그렇게 사람들은 꿈을 짓고 헐고 살아가는데 이놈의 나라는 왜 그리 바뀌지 않는지 왜 그리 바꾸어 지지 않는지

추석 前

 제석산을 마주 보고 아버지가 톱날을 갈고 있었지 거친 줄로 날을 세우지 않고 연한 줄로 날을 세우는데 기둥 옆 감나무 뒤에 정월 대보름 전전날 달은 뜨고 달을 향해 견주는 톱들 사이로 아버지 이마에서 떨어지는 땀방울 소리가 비 오는 날 낙수처럼 기분을 좋게 하는데 부엌에서는 밥물 넘치는 소리가 허기를 자아내고 있었지

 빨랫줄 매인 감나무에서는 더도 말고 덜도 말고 시원한 바람이 등을 훑고 지날 때마다 순서대로 누나가 서울서 오고 광주서 형이 내려와 마당을 들어서는데 아버지는 받는 둥 마는 둥 하는 인사를 받고 묵묵하게 박달나무를 켜고 있었지

 사랑은 누군가를 향한 허기를 메우는 깊은 이해의 톱 소리를 듣고 잠시 후 메딩이와 도마를 만들고 제물에 올릴 생선을 굽는 장작을 쌓을 즈음 엄마는 정제를 나와 밥을 지을 햅쌀을 가득 담을 켜 논 박바가지를 들고 방으로 들어가 한쪽에 조심스럽게 놓는 이 모든 침묵의 과정이 깊은 강물이 더 깊은

바다를 만나는 것 같은 제사의식

 이제 와 돌이켜 보면, 이 모든 게 만남과 이별의 의식 같은 시간이었네

코끼리 유배지 장도

 꼬막이 유명한 벌교는 장도리까지 이어져야 비로소 꼬막이 됩니다 고흥군 동강면이었다가 1983년 벌교읍에 편입되었는데요 이때 비로소 기막힌 네이밍이 시작된 것이지요

 조선왕조실록 태종실록에 기록된 '코끼리 유배지' 중 한 곳이 순천부 장도가 언급되는데 풍광이 명도와 채도 먹거리가 풍요로운 것은 사실입니다

 생존의 방식이 거칠고 인생의 그늘과 골이 깊어야 신성해지듯이 코끼리도 그래서 둘 곳 없는 곳을 향해 이르게 된 것이지요

 사람은 나서 서울로 가고 말은 제주도에서 비롯되어야 하듯이 수구초심 둘 곳 없는 마음은 간헐천처럼 울며 뻘배가 황홀한 바람을 맞고 있는 장도 갯벌의 섬은 주름진 얼굴과 금 간 손바닥, 발바닥에 새긴 금 간 사금파리처럼 선명한 고된 노동의 자국이 가득합니다

노루궁뎅이 섬

　노루궁뎅이를 닮은 버섯을 참기름 장에 찍어 한입 물면 목젖까지 가득한 향에 고향 생각이 듭니다

　꼬막섬으로 불리기도 하고 노루를 닮았다 해서 장도獐島는 가보고 싶은 섬으로 불러지기도 합니다

　하지만 나는 하염없이 허기진 갯벌에 고된 노동으로 점철된 풍화된 코끼리 무덤 같은 고향 사람들이 있어 그리운 것이지요

장도 가는 길

　벌교 대천리 장암에서 6시 출항하는 '장도 사랑호'를 타 봐요 묵었던 인연을 만날지도 몰라요 초행길 여행은 피곤합니다 오늘은 배편이 8시에 출항한다고 하여 가져간 차 속에서 조심스런 단잠을 잡니다 포구의 새벽은 아직도 단잠을 자는지 어둡기만 하고, 가슴은 유년을 더듬고 있습니다 장도 가는 길목에 기섬(해도)이 있는데 정기여객선이 없어 불편하다는 선장의 말을 한귀로 흘려보내고 돌아오는 길 벌교로 이어진 버스가 안 맞아 선수 뚝방길을 하염없이 걸었습니다

구운돌

 돌이 섬 같았다 보이는 평온함에 속으로 닳고 닳은 노염이 불길이 되어 돌을 감은 수건을 태우고 있었다 아버지는 파스값을 댈 수가 없어서 관절염의 통증을 연탄불에 돌을 구워 수건으로 감싸 지지고 있었다

 노여움은 통증을 약화시킨다 그것이 처연해지면 서늘한 바다 같은 웃음이 된다 저절로 눈이 감기는 노을에 반사된 바다의 음영 아니면 가끔 그 등 위로 비를 내리는 너럭바위의 껍질은 노동에 지친 육신의 잔해가 껍질처럼 단단해지고 있는 것이다

 차라리 면후의 얼굴이 되어 우리를 버리고 가길 바랐는지도 모른다

산을 오르는 마음

 '아저씨 안녕하세요' '이냐 해경이 왔냐' '재성이는 왔어요?' 전라도 말에 서울말 입혀도 억양을 어쩔 것이냐라고 속으로 가늠하는데 짙은 화장한 얼굴로 나를 보며 웃는다

 뭘 그리 바리바리 싸 짊어지고 오냐 별거 아니구 규택이 옷이랑 엄마 옷이요 효녀가 따로 있는 것이 아니제 그것이 사람 사는 맛인디

 그 말이 끝나기도 전에 터덜터덜 형이 올라오는데 빈손이다 아버지 안상이 바로 좋아지지 않는다 하이고 일 나것네 저 풍신 땜시 하는 데 아니나 달러 너 지금 뭐 하냐 집에 오는데요 내려가서 소주 한 병이랑 새우깡 허고 포조깐 사오니라

 나를 흘낏 보며 어유 저 풍신 장손이 뭔지도 모르는 새끼 헛살았네 헛살았어 하고 낫을 챙겨 산을 오른다 저녁 산을

엄마의 퇴원

 노을처럼 웃고 있었다 저 새끼 저 얼굴 보소 지에미 응급실 가는데 도시락 챙겨 공부하러 가는 저 새끼 저거 뭐가 되도 될 것이여

 주삿바늘 꽂을려고 여러 군데 구멍을 팠는지 여러 군데 멍이 든 손을 보는데 괜히 손이 가서 잡는다 낙안에는 벌써 그늘이 지고 마당에 저녁 어스름이 모깃불을 지피고 있었다

 두 분은 모르요 얼마나 가슴이 조이고 식겁했는지 사는 것이 매일 바닥을 치고 운칠기삼하는 것이 삶의 도돌이표처럼 울리는 살아온 시간이 장애를 가진 나의 속젖을 담그는 일이었어라 매일 상처에 소금을 끼얹고 쓰라리는 것을 곱씹으면서 말이요

실치

 나이 오십에 두 세상을 살다 보면 천식에 혈압 그리고 고지혈, 스멀스멀 병들이 들어서 집을 짓고 내리사랑 애들은 거저 자란 모습으로 내 앞에 또 다른 나로 앉을 때

 똑 니 같은 놈 낳아 길러 내 속 좀 알 거라 하던 말이 웅웅거린다 바다는 늘 얼어 입을 열지 못하고 치어들의 눈이 되어 별똥별처럼 반짝이는데

 어느 구름에 비 들어 있을지 몰라 헤매는 삶은 귀로에 고향 어귀 물길을 더듬고 있었다

3부

철부선

 배편이 하루 2회밖에 없어요 인생길이 편도밖에 없는 것에 비해서는 기회비용이 조금 높은 편이지요 다섯 부락으로 나누어진 장도는 여양 진 씨가 처음 입도했다는데 지금은 인심 좋고 범죄가 없는 곳이기도 합니다

 벌교 꼬막 하면 이곳의 참꼬막을 말하는 것이지요 갯벌은 참꼬막의 보금자리 농부의 밭과도 같은 것이라 유난히 추운 겨울을 만나면 눈물이 납니다 노동이 서러워서가 아니라 삶이 어둑해서 서러운 곳을 향해 철부선을 타고 갑니다

부수마을

 부수마을 끝 방파제에 바라본 섬의 이름은 몰라도 연도교 다리 굴곡이 등 굽은 섬사람 같아서 그의 삶의 부침이 느껴져 회색빛 저녁 어스름 속에서 매운 연기를 마신 것처럼 눈이 맵습니다

 간혹 잔잔한 바다와 함께 선상에 부부 몸짓이 매일 시계추처럼 반복되는 생활에 겹쳐져 울다 웃곤 하게 됩니다

공동작업

 장도는 어촌계 주도로 작업을 하는데 모두 참석이 기본이라는 데 이들이 받는 노동은 하루의 품삯 7만 원, 불참 시 벌금은 10만 원 소득은 후하고 지분은 외지 사람들은 주지 않으니, 꼬막에 패인 골만큼 깊은 노동이 유전되는 것이지요 꼬막을 씻을 때처럼 부대끼며 서로 견디는 것이지요

대촌마을

　대촌마을에 다다르다 보면 낯익은 얼굴빛의 어민들 발뒤꿈치에 촐랑거리는 강아지도 사랑스럽습니다 노인정을 들리면 객지 사람인데도 선 듯 들어오라고 하고, 때 되면 점심을 먹고 가라고도 합니다

　모두들 그냥 가면 한 소리 들을 참이라 뭉기고 앉으면 입담에 이곳에 살고 싶어집니다

여자만

 장도에서 여자만으로 바라보아요 황톳빛 바닷물이 보이는데 여름 폭염 속에 단내 나는 노동이 그려집니다 평균 수심은 3~5m 육지에서 흘러드는 토양도 받아 양질의 갯벌을 이루게 되어 패류 양식의 천혜의 조건이 되는데 섬은 그렇게 놓이고 바다는 품고 세월은 흐르며 생명을 기루는 그곳을 고향으로 삼는 이들은 얼마나 서럽게 끈끈할까요

 두꺼비 등짝처럼 생긴 손과 발 그리고 표정에서 그려지는 신성함은 곧 노동이 온전하게 웃음으로 살아오는 것이지요

배처럼 흔들릴 때 장도사랑호를 타보세요

 다시 장암에서 장도를 가려면 장도사랑호를 타야 되지요 그해 여름을 반추하고 떠나는 길에 물때마다 배 시간이 다른 조바심 나게 하는 노루궁뎅이섬

 늙은 시인처럼 눈길에 머무는 낡은 배들이 지친 몸을 쉬며 기대인 한적한 장암 선착장 기약 없이 매여있습니다 그래도 물들고 출발의 뱃고동 소리는 설레겠지요

 바다를 등지고 선 배들은 무엇을 기다리고 무엇을 바라느냐고 물으면 우문현답은 그저 늙은 얼굴에 바다가 만들어준 표정과 지수화풍이 만들어 놓은 노동의 흔적이 가득한 손과 발의 갈라진 족적뿐

날씨가 흐릴수록 몽환적인 노동

물이든 뻘밭을 훑는 새들의 무리가 신호음을 내는데 함성처럼 들립니다 황홀한 채색이 깃드는 저녁 어스름의 고요는 노동의 슬픔이 짓는 묵언의 퍼포먼스 같습니다

누군가를 향한 사랑의 노동이 잠시 멈칫거리고 집을 향해 돌이키는 발걸음의 족적에는 하루의 묵언수행이 만든 매물이 가득하고 흔적 없이 사용처럼 흩어지고 나면 서러운 재화의 공허함 같은 것

거친 자연 속에 내어놓은 노동은 날씨가 흐릴수록 바다 위에서 몽환적 연출을 해낸다 서러움이 숨을 정도로 정적으로

빈집 기둥에 기대어

  30분 만에 장도 선착장에 도착해 육지로 나가는 사람들을 비키며 마을 봉고차 대신 걸어서 들어가는데 한참을 더 걸었을 무렵 어느 빈집의 액자로 걸려 있는 인생처럼 느껴져 멈춰 섰었네

  사라나무 사이에 기대인 석가의 고즈넉함처럼 봉당 위 마루를 지탱하는 기둥에 기대어 되묻고 있었네

  '힘드냐?'

폐교

 나중 배를 기다리는 동안 학생, 선생님, 총각, 어른들이 보이는데 학교 폐교 이야기에 흥이 붙었다 결국은 '서로 애를 낳아야 폐교가 안 된다'고 웃는데 쓸쓸하다 본향을 이른 사람들은 무리도 지을 수 없다는 것에 참 쓸쓸해지고 있었다

사라나무

 노랗게 물들면 예쁠 것 같은 은행나무 풍경 속에 있는 시골집을 연상한 적 있다 바다를 옆에 두고 걷는 그 길이 슬픈 인연 하나 건져 되돌아가는 고향이라면 더욱더 첨예하게 아름다울 것 같다

 또 하나의 아름다운 동행이라면 모래보다 몽글게 묻어나는 침묵의 섬에서 섬을 보는 것처럼 그립지는 않을 것인데 두 그루 소나무 생명의 끝처럼 밑동부터 잘 마를 텐데

내가 원하는 섬

 촌닭처럼 통통하게 잘 자라는 내가 한 마리 욕심 날 정도로 절로 병이 들고 있다 요즘은 섬이라도 시멘트 포장이 되어있지만 아무리 좋은 길도 봄맞이 준비가 필요한 법이다 길가에는 무엇을 심을까? 하고 되묻는 내가 우습다

 마을벽화에 '가고 싶은 섬 장도' '그 섬에 가고 싶다'라고 하지만 인생의 반을 접은 나는 '이곳에서 바다만 보다가 사라나무에 기대인 채 말라가고 싶은 섬'이었다

전망대

 '방파제에서 부수마을로 오는 길의 전망대를 보셨능가요?' '아니요' 물끄러미 쳐다보는 주민이 '내일 한번 다시 갔다 와 보시오' '왜요' '바다가 끝까정 선하게 보인당께요'라고 답하고 경운기를 몰고 자리를 피한다

 가슴이 답답해 여행 온 나도 가슴 선하게 뚫리는 것을 모르고 왔으니 탁한 기운은 어쩔 수 없나보다 내일은 더 더럽혀지기 전에 다녀와야겠다

다시 일상으로

고양이 세 마리 골목에서 늘어지게 하품할 하오의 시간 나는 신나게 쥐가 되어 도망을 갔다 돌담을 미로 삼아 걷는 것은 정겹다 다시 선착장으로 오는 길에는 대순마을 동심을 배불리 담고 왔다

지금은 식당도 생기고 게스트하우스도 개장한다는데 이제는 사회적경제가 이곳에 머물 것 같다는 잠정적 불안도 없잖아 있다

섬은 인심이 풍광이 그립게 하는 것이기에 그렇다

꿈

 조상 내림 없는 자식들이 있을까 마는 근력 딸려 하루 입에 풀칠하기도 바쁜 이들이 살다 보면 자식은 곶감처럼 주렁거리지만 배움 짧아 흩어지는 수가 있는 법이다

 그래도 생각이 있어 홍동백서는 못 챙겨도 남의 집 기일 잊지 않고 있다가 배워서 차리는 제상除喪에는 신이 임하기 쉽다

 그렇게 배움이 해갈되지 않아 유전이 되고, 개천에 용 나듯이 꿈틀거리는 염통을 가지고 차가운 머리를 달고 태어나면 얼굴 두껍고 속 시커먼 놈은 자라지 않는 법이다

 일가一家라는 것이 신명이 없으면 남의 집 종살이도 아깝게 되는 것이다 어쩌다 개천에 용 나거든 세상을 위해 써 봄직도 하건만 알 수 없는 것이 손바닥의 실금처럼 엮인 운명

 누군들 장애를 타고 나고 싶어서 난 놈은 없을 것인게 하고 살았다

적선積善

   아따 밥은 고봉으로 퍼 담소 사람이 밥심으로 살아야지 밥심이 밥 멕여 주는 것이 아닝께 그런 말 마시오 애들이 다녀와서 먹을 것은 있어야 안 하요 매일 식전 댓바람에 와서 저렇게 히번득하게 웃는 놈 뭐 이쁘다고 밥을 더 준다요.

   며칠 후 아랫집은 양은이란 양은은 요강까지 가져갔는데 우리 집은 바람에 세숫대야도 길가로 날아갔는데 장독 위에다 표시 나게 올려놓고 갔다

   저녁상을 받으며 하는 말이 거 보소 사람 사는 심정은 다 똑같네 있는 놈 잘사는 놈 남의 것 뺏어서 잘사는 놈들 다 살펴보면 우환이 끼는 놈은 사는 방법에 유도리가 없어서 그런 것이네

   우덜한테는 한 끼 식사가 그들한테는 신성한 밥이 되는 것이니 줄 때는 고봉으로 섬기듯 줘야 우환이 안 끼네 알 것능가?

4부

인간이란 재화

 누구는 노동은 삶의 고통이 인생에 있어 인격을 포기할 정도로 구차하다고 말하며 병든 손을 내밀고 굽어진 몸을 바로 펴지 못하고 눈길 속에 깊은 노여움의 폭풍이 자라고 있었다

 내가 죽어 흙으로 들어갈 때까지 땀을 요구했고 겨우 먹을 수 있다고 했으니 얼마나 삶이 지난한가? 라고 되물었다

 아우슈비츠 강제 수용소를 포함한 잔혹함에 쩌는 곳마다 '노동이 그대를 자유케 하리라'라는 궤변을 격언으로 내밀었다

 낯짝은 갈수록 두꺼워졌고, 마음은 더욱더 검게 짙어져 가는데 면후흑심의 묘를 터득한 자들의 본디 행태로 잔인해져 가고 있다

오일장

 생산의 가장 기본적인 요소가 '노동'이라는데 지난한 것이 육체의 힘을 이용해서라는 말은 후두둑 떨어지는 감꽃 지는 것처럼 슬플 때가 있었다

 규택이 엄마도 연한이 형 엄마도 오일장을 지내고 오는 길이면 머리에 대야를 이고 똬리를 문 입과 얼굴 사이에 캠벨 포도처럼 진한 눈빛 그리고 사람이 사람에게 지친 그 허망함이 깃든 아아 뭐라 표현할 수 없는 침묵의 울화가 느껴졌다

 기둥에 기대어 마주 보는 내게 '니 어매 어디 갔냐?' '규택이 봤냐?' 도리질하는 내 고개 깃을 본 척만 척하며 당신의 닫힌 대문을 열어 집으로 들어갔었다

장애를 앓고 심부름을 대신해 준 아이들에 대한 단상

바밤바를 사 달라 하면 애들은 언능 사러 갔다 하지만 빠삐코를 사 달라 하면 아들이 뭉기적거리거나 가게에 그것이 없어 못 샀다고 말했다

삼분의 일쯤 먹는 아이스크림은 침묵으로 삼켜야 했다

장애가 낯설 때도 있었다

 혜경이 아버지는 상이군인이다 어머니는 재취로 시집을 가셨다고 했다 혜경이 할머니가 돌아가실 때 곰보 삼촌이 곡을 하는데 사분의 삼 박자에 장단을 맞추고 울어 동네 사람들이 하염없이 웃던 상여 나가던 날이 생각났다

 어느 날 혜경이 집에 아이들이 고스톱 치러 모였을 때 어렵게 올라간 마루를 지나 방에 들어갔다가 의수에 놀라 집으로 돌아왔던 기억이 생생하다 지금은 너무 일상적인 것인데 비하여 장애인으로 장애인을 보기가 싫지 않은 때였다

 다들 수용되었는데 그때만 해도 지금은?

그놈이 그놈이여

  선거 때마다 '그놈이 그놈이여' 소리가 신물 날 때쯤, 촛불이 무성하고 선거로 몸살을 앓으며 삼엄하던 그때쯤,

  나에게도 립싱크로만 접대하던 정치인이 많았다 한 사람 한 사람 기억에 남을 만한 명문으로 글을 쓰고 싶어졌다

  화무십일홍 권불십년을 가슴에 화인처럼 살아야 하는데 '안녕하십니까?' 하고 물으면 뭐라 할래나?

울돌목

 달이 머문 곳에서 당신은 가쁜 숨을 고르며 물의 때를 피해 이동하고 있었다 사랑은 그렇게 머뭇거리지 않고 흐르는 것 서로의 결을 매만지며 바다로 향하는 것 그렇게 흐르다 만나지는 곳에서 몸을 푸는 울돌목 5월의 보리숭어 같은 것

면후흑심2

낯가죽을 두껍게 하기를 게을리하지 말아야 비로소 조조와 유비를 이길 수 있는 것이라는데 월왕 구천은 오왕 부차에게 패하자 처를 받쳐 부차의 수하가 되고서 매일 장작더미에 위에 잠을 자며 쓸개를 빨아 패자의 위에 이르게 되었다는데 거기에 비하면 나는 한 편의 시를 쓰는데 줄을 서지 않아 무명일지라도 가난에 궁색함을 보이지 않으니 어리석음이 가득하다 이는 얼굴과 마음에 검은 칠을 하지 않아서이니 그러한 것이다

묘목

 은옥이 할머니는 하루 종일 일 년 365일을 쉬는 법이 없었다 땅이 많은 것도 아니고 화장실 앞에 있는 텃밭 고랑이 여섯 고랑 일구는데 그러했다

 싫은 표정 역력한데 내 가방을 교실까지 들어다 주던 초등학교 동창, 인생이 쏠리듯 흘러 도회로 나가 전도사 부인이 되었다는데 그 마음이 선했으니 행복하여라 하지 않아도 행복할 것이다

 오빠도 장애를 가지고 살다 소천하였고 그 아래 동생도 그러하였으니 세상천지 천애의 고아가 되었었는데 이제는 내가 그러하다

 무릇 멈추다 이루고 흘러 가벼워지니 그것은 참으로 일년생 묘목과 다름이 없다 무성한 바람이 부는 중에 물기를 머금더니 비가 오나 보다

길 떠나기 前

  세상 사는데 꼬막처럼 입을 다물고 살아야 스스로를 넘을 수 있지 않것냐? 2년 남짓해야 씨알이 먹을 만하고 짱뚱어 철 지날 쯤 찬바람이 일어나야 그제서야 나오제

  겨울 내내 내다 팔아야 밀린 기름값 조합비 니들 학비 하고 나면 두 내외 먹고살고 담배값 술값 지하면 없제 뭐 저축은 씨발것 생각도 못하제

  친구 집 놀러 갔다가 길 떠나는 아들에게 해주는 말을 듣는데 눈물이 쏟아져 그길로 새벽 버스를 타고 돌아와 토방에 서서 '아부지 저 왔어라' '이냐 재홍이냐 들어가 자라' 하는데 돌아서는 발길이 천근이고 마음이 만근이니 어디 풀 데가 없었다

아침 산을 내려오는 아버지

'만나지나 말았을 것을' 하며 애호박 한 덩이를 왼손에 들고 오른손에 낫을 들어 풀숲을 더듬는데 딸려 나온 것은 빛나는 뱀이었다

낫을 왼손에 잡고 호박을 다시 들고 까치살모사를 대가리를 잡고 내려오는 아버지의 호흡은 평온했다

하루 종일 숨길을 다스리고 사는 것이 농사요 목공일이니 당신도 왜 떨리는 마음이 없었을까 되짚어 보는데 그 시절 아버지의 나이에 이르러 있는 내 모습에는 두려움을 피하는 소시민이 있었다

나는 시를 모른다 마는

 시상은 지고 사는 것이 신간이 안 편하냐? 살다 보면 산을 타는 때도 있고 평지도 있을 것이지만 어느 넘은 낯까죽이 두껍고 속이 시커먼 해서 뵈지도 않는 십 리 물길이어도 때가 되면 바다가 뒤집히는 것처럼 지 업도 뒤집어지는 것이다

 그때가 되면 꿈적도 안 하던 산도 옮겨지고 바다도 바닥을 들어내는데 그 질로 세상 개벽하는 것인께 니가 쓰는 시도 그날이 있을 꺼구만

콩나물시루에 물 줄 때

 새벽 4시 반이면 검은 천을 걷고 콩나물시루에 물을 주는 엄마의 손은 더듬이었다 '아따, 뭔일이다요 저 떨어지는 물소리' 하며 이불을 덮어쓰는데 '저 새끼가' 하며 혀를 차는 아버지 소리에 찔끔거리며 숨을 죽이는데 어머니의 말이 범문처럼 이른다

 '그런 말 마라 천지신명은 늘 물 주는 곳에서 생명을 나누어 주신다 정화수라 생각하면 그만일 것을 속 뒤집으면 좋으냐?' '내가 하는 것은 다 니 입에 이를 것이니 투정 말어'

제물祭物

'허 오살할 년 아니 속일 게 없어 祭物을 속인다냐' '뭐 땜시 그라요 오메 수입산을 사부렀오 어쩐다요 '워쩌긴 뭘 어째 가서 바꾸등가 새로 사야지' '안 그래도 오늘 장에 돌아본께 참숭어가 없습디다. 준치도 없드만' 뒤도 안 돌아보고 대꾸도 않고 갔다 오시는 당신은 집 마당에 들어서면서 벌써 '참숭어와 준치'를 들고 있었습니다

그럴 때마다 죽은 조상님 덕분에 기둥뿌리는 하염없이 헐어가고 있었습니다

발원發源

 굵은 장단지에 장화가 살짝 찢어지고 장마 진 산을 오르는 아버지는 산의 힘줄 같았습니다 할아버지 누운 산에 별일 없는지 오르는 그 산은 산이 흘러도 아버지가 가는 곳은 꿈쩍을 하지 않는 것이지요

 나는 장애로 태어나 노동의 질감을 느끼는 시선에 타오르는 신령한 기운을 보고는 했습니다 도심의 거리에는 지친 오토바이들이 먹을 것을 나르고 나는 그곳에 시선을 떼지 못하고 하염없이 기도를 드립니다

 무탈한 하루 무탈한 하루 돌아가는 발걸음이 머무는 곳에 지치지 않은 힘을 더하십시오

눈 오는 아침

 세상 일하다 죽은 놈이 한 둘이다요 맥없이 기운 놓고 스멀거리다가 죽는 것보다 낫소. '글 쓰다 죽는 것도 행복이제' 하는 나에게 '밥은 누가 떠 먹여 주기나 하고?' '그래도 나는 베짱이처럼 한철 울다 갈라요 아니 매미가 낫 것오' 하며 와락 방문을 열고 나서는데 아, 앞산에 눈이 가득한데 푸른 솔 하나가 떡가루를 묘에 뿌리는 정경에 혼잣말로 '미쳐 불겠네' 하고 신발을 신는데 속이 가라앉는다

 '다녀올라요'

■□ 해설

신화가 된 전라도의 서사와 진정성의 시학

진순애(문학평론가)

　박재홍의 시는 전라도의 토착적인 민중적 서사와 민중성을 승화시키는 전라도 방언으로 점철되어 있다. 전라도의 토착적인 서사는 민중적이자 민족적 서사를 상징하는 것이나 다름없는 까닭에 박재홍의 시는 독자적이면서도 보편적 지평을 아우른다. 특히 전라도의 방언은 그 자체만으로도 서정성을 담지한 시적 영혼으로 작용한다. 디지털 문명이 우리를 획일화시키고 있는 시대에 박재홍은 전라도의 민중적 서사를 민족의 신화로 자리매김하면서 신화의 치유력을 환기하고 있다. 신화는 우리의 무의식 상태에서 전수되는 것이듯, 조셉 캠벨도 "신화는 우리가 내면의 세계로 돌아가는 길을 열어준다."라고 『신화의 힘』에서 지적한다.

박재홍의 시는 시의 본질적인 길을 걷는다는 점에서 현대시와 결별한다. 시의 본원은 소리로 소통하던 원시인의 삶에 있다. 본원적인 시는 소리로써 의미를 함축하며 그 결을 이어온 까닭에 시의 길을 양분하면, 본질적인 길과 동시대성의 길로 나뉘게 되는데, 대체로 현대시는 동시대성을 내용으로 혹은 방법으로 반영하는 데 앞장선다. 그러나 시의 근원이자 본질적인 울림이 동반되지 않을 때, 곧 시가 초월적이며 보편적인 울림을 함유하지 못할 때, 시의 언어는 그 시인의 개인적이거나 역사적인 목소리에서 멈추고 만다. 아이러니하게도 현대성과 결별한 박재홍의 시는, 그럼으로써 오히려 동시대적인 의의를 담보한다. 현대에서 소외된 서사에 천착함으로써 보편적이자 근원적인 시의 길을 걷고 있는 아이러니가 낳은 결과이다.

그리움의 보편적 코드인 고향이라는 어휘조차 이제는 그리움보다 전근대성의 얼굴로 탈시대성을 대표하는 주자로 자리매김하고 있는 때에, 전라도의 방언과 토착적인 서사를 민족의 신화로 자리매김한 박재홍의 시가 지닌 의의를 거듭 강조한다고 해도 과유불급이 아니다. "고향이 인간의 인간다울 수 있는 내적, 외적 공간을 제공한다."는 야스퍼스의 말이나, "인간답다는 말이 자신의 장소를 가지고 있는 것"이라는 렐프의 말처럼'인간답다는 것은 자신의 장소인 고향을 가질 때 가능한 일이듯 고향상실이란 곧 인간다움의 상실이므로, 박재홍의 시는 인간상실이라는 동시대성을 표상한 현재형의 얼굴이다. 대체적으로 닮은꼴의 동시대성이라는 현대시의 추세 속에서 전라도의 토착적인 울림을 민족의 신화로 승화시킨 박재홍 시의 위상을 가볍게 볼 수 없는 까닭이 여기에 있다.

    대나무 평상의 골 사이로 쑥향이 소슬거리고 있을 무렵, 아버지는 모깃불을 등불 삼아 흔들거리는 와상의 귀퉁이를 두드려 흔들거리는 정도를 가늠하며 자잘한 못을 추려 하나를 골라 못대가리를 돌 위에 놓고 망치로 내리치고 있었다

    달빛에 번들거리는 아버지의 어깨 근육은 체 게바라 눈빛처럼 맑았다 전복을 꿈꾸는 사람들의 광기에 쇠의 권력은 무상했다 노동은 신기神氣다

-「못대가리를 쳐내며」 전문

'대가리'란 머리의 비속어로, 동물의 머리를 칭하는 말이자 '못대가리'처럼 명사 뒤에 붙어서 그 명사를 낮잡아 칭하는 말이다. 그러니까 '대가리'가 없이 그냥 '못'이라고 칭해도 의미전달에 모자라지 않음에도, '못대가리'라고 칭하는 데는 못질하는 자신의 행위를 자조하는 의식이 덧붙어 있다. 현대시에서 자조는 저항의식과 함께 흔히 시인의 소시민적 의식을 대변한다. 박재홍의 시에서 자조는 소시민적인 울림이기보다는 강건한 저항의식과 전복의지에 기울어 있는데, 그것은 전라도의 서사와 방언에서 비롯되는 힘 때문이다.

물론 "아버지는 모깃불을 등불 삼아 흔들거리는 와상의 귀퉁이를 두드려 흔들거리는 정도를 가늠하며 자잘한 못을 추려 하나를 골라 못대가리를 돌 위에 놓고 망치로 내리치고 있었다"에서 '못대가리'는 못의 머리와 몸통 중에서 못의 머리 부분이라는 의미를 지시하고 있다. 아버지가 못대가리를 돌 위에 올려놓고 망치로 내리치는 까닭은 못쓰게 된 낡은 못을 다시 사용하려고 못의 모양새를 제대로 다듬는 과정일 것이다. 화자는 이러한 아버지의 행위에 자신의 자조적 시선을 투사함으로써 아버지를 민중적 주체로 승화시키고 있다. 새 못이라면 굳이 못대가리를 돌 위에서 내리치지 않아도 된다.

  하잘 것 없는 못조차도 새 못을 사용하지 못하고, 아마도 녹슬고 머리 부분이 뒤틀려있는 못을 사용해야 하는 헐벗은 생활에 대한 자조가 '내리치는 망치소리'와 함께 저항의 힘으로 작용한다. 비록 못조차도 낡은 못을 사용해야 하는 생활일지라도, "달빛에 번들거리는 아버지의 어깨 근육은 체 게바라 눈빛처럼 맑았다"거나, "전복을 꿈꾸는 사람들의 광기에 쇠의 권력은 무상했다 노동은 신기神氣다" 등에서 시는 단순히 헐벗은 생활상에 국한한 것이 아니라 전복을 꿈꾸는 민중적 의식을 기저로 한다. 토착적인 전라도의 민중적인 서사가 민족적인 서사로, 나아가 제3세계의 저항의 민족주의에까지 이르는 노동의 미학으로 승화된다. 디지털 문명과 결합한 소비주의 시대에 노동은 신화적 세계나 다름없는 근원적 위상을 지니며 진정성의 시학을 주도한다.

    낡은 발코니에 서럽게 흔들리는 바람처럼 앉은 새, 등 뒤에는 하루 종일 패인 등골이 말라비틀어져 자국만 남고, 멍석 위에 고추를 말리고 있다 볕 좋은 곳에서 노동의 지문이 암각화처럼 흐릿하게 여운처럼 남겨져 세

월의 앙금인지 누대에 걸친 흔적만 있을 뿐 지금 나도
　　지워 지고 있는 중이다

                          -「농사의 지문」전문

　'하루 종일 패인 등골이 말라비틀어진 채 멍석 위에 고추를 말리고 있는' 주체는 농부로 한평생을 보낸 노동의 주체들을 상징한다. 화자는, 노동의 한평생으로 인해 지문조차도 지워져버린 손가락처럼 '흔적만 있을 뿐 자신도 지금 지워지고 있는 중'이라고 농부의 삶에 자조적 자아를 동화하고 있다. 디지털 시대의 현대인은 지문으로 그 존재성을 각인한다. 지문은 곧 현대인의 존재성 그 자체인 것이다. 이와 같은 디지털 시대에 '농사로 인해 지워져버린 지문의 존재'라는 것은 이 시대에 소외되고 외면당한 전통적인 농부의 존재태를 상징한다. 그것은 근원적인 노동자로서의 존재태이다.
　지문이 지워져버린 노동자의 존재성에 화자의 자조가 동화됨으로써 시는 오히려 강건한 저항의 미학으로 승화되는 효과를 발현한다. 비록 디지털 문명의 존재태로 현대인의 존재성이 각인될지라도, 전통적인 농부는 그리고 노동자는 인간의 근원태이자 보편적인 존재태인 까닭에 그러하다. 근원적이고 본질적이며 민중적인 서사를 박재홍의 호흡이 신화의 미학으로 승화시키고 있는 까닭에, 무엇보다도 토착적인 전라도의 서사가 전라도의 그것에 국한되는 것이 아니라 민족의 서사를, 그리고 저항의 민족주의를 상징하는 서사인 까닭에 그러하다.

제석산을 마주 보고 아버지가 톱날을 갈고 있었지 거친 줄로 날을 세우지 않고 연한 줄로 날을 세우는데 기둥 옆 감나무 뒤에 정월 대보름 전전날 달은 뜨고 달을 향해 견주는 톱들 사이로 아버지 이마에서 떨어지는 땀방울 소리가 비 오는 날 낙수처럼 기분을 좋게 하는데 부엌에서는 밥물 넘치는 소리가 허기를 자아내고 있었지

빨랫줄 매인 감나무에서는 더도 말고 덜도 말고 시원한 바람이 등을 훑고 지날 때마다 순서대로 누나가 서울서 오고 광주서 형이 내려와 마당을 들어서는데 아버지는 받는 둥 마는 둥 하는 인사를 받고 묵묵하게 박달나무를 켜고 있었지

〈

사랑은 누군가를 향한 허기를 메우는 깊은 이해의 톱 소리를 듣고 잠시 후 메딩이와 도마를 만들고 제물에 올릴 생선을 굽는 장작을 쌓을 즈음 엄마는 정제를 나와 밥을 지을 햅쌀을 가득 담을 켜 논 박바가지를 들고 방으로 들어가 한쪽에 조심스럽게 놓는 이 모든 침묵의 과정이 깊은 강물이 더 깊은 바다를 만나는 것 같은 제사의식

　　이제 와 돌이켜 보면, 이 모든 게 만남과 이별의 의식 같은 시간이었네

-「추석 전」 전문

　　추석과 설날 풍경은 전라도만의 독창적인 풍경이 아니듯, 추석 전 풍경이 '깊은 강물이 더 깊은 바다를 만나는 것 같은 제사의식'으로 민족적인 서사를 상징하고 있다. 제물에 올릴 생선을 굽고, 햅쌀로 밥을 짓는 제사의식은 객지로 떠난 가족을 불러 모으는 침묵의 매개로 살아있어서 흥겨우면서도, 또한 그것은 가족 간의 서글픈 골을 확인하게도 하는, '깊은 강물이 더 깊은 바다를 만나는 침묵의 과정'이기도 하다. 만

남은 이별을 내재한 이율배반적인 시간임을 재삼 확인하게 하는 추석 전의 서글픈 기다림인 것이다. 산업화와 근대화의 추진 속에서 고향을 등지고 객지로 떠났던 젊은이들, 혹은 자녀들을 맞이하는 고향의 노부모의 고달픈 풍경이 즐거워야 할 추석명절의 만남 속에서 오히려 이별의 슬픔만을 확대하게 하는 아이러니한 제식의식의 이면이다.

 고향상실은 우리 민족만의 그것이 아니라는 근대성 속에서도 우리 민족의 상실이 보다 확대되는 것은 우리 민족이 20세기를 역사적 질곡으로 보낸 때문일 것이다. 고향은 인간의 근원적이자 민족문화의 원형을 담보한 공간이다. 조셉 캠벨도 "따사로움의 모든 것, 정겨움의 모든 것, 유머의 모든 것은 내 고향이 알고 있는 사랑에서 유래한다."고 지적한다. 고향은 디지털 문명이 야기한 억눌린 자아를 방출하게 하는 신화와 같은, 혹은 신화가 된 출구의 세계로 실존적 근원인 것이다. 그러므로 빨랫줄이 매어있는 감나무가 있는 고향집에 명절이면 도회로 떠났던 자식들이 돌아오는 풍경은 흥겨우면서도 서글플 수밖에 없는 이 시대의 아이러니한 위상을 반영한다.

노루궁뎅이를 닮은 버섯을 참기름 장에 찍어 한입
물면 목젖까지 가득한 향에 고향 생각이 듭니다

꼬막섬으로 불리기도 하고 노루를 닮았다 해서 장
도獐島는 가보고 싶은 섬으로 불러지기도 합니다

하지만 나는 하염없이 허기진 갯벌에 고된 노동으로
점철된 풍화된 코끼리 무덤 같은 고향 사람들이 있어
그리운 것이지요

- 「노루궁뎅이 섬」 전문

"고향이미지는 단지 장소로만 형성된 것이 아니라 고향사람들에 대한 기억이 함께함으로써 그 실재성이 보다 견고해지며, 고향을 형성하는 것은 장소이자 그곳의 사람들과 물질들"이라는 바슐라르의 말처럼 고향이 그리운 것은 고향땅의 나무와 풀과 동물과 어우러진 고향 사람들이 추억 속에 자리하고 있기 때문이다. 유년을 풍성하게 채워준 고향의 풍경이 있어서 고향은 고향인 것이다. 노루궁뎅이를 닮은 버섯 향기로 살아있는 고향이며, 노루를 닮은 장도의 풍경이 가보고 싶은 섬으로 지명되게 하는 고향이다. 그러나 관광지로 개발되어 원형이 사라져버린 고향은 더 이상 그리운 고향풍경을 간직할 수만은 없을 것이다. '고향에 돌아가도 그리운 고향이 아니라'고 정지용이 〈고향〉을 노래한 것처럼 고향의 원형은 추억 속에서만 살아있어서 우리의 내면여행으로나 가능한 신화적 세계이다.

그럼에도 인간의 현재란 과거가 모인 시간이듯이 추억 속에서일지라도 고향이 살아있어서 디지털 문명 속에서도 휴머니즘은 지속가능하다. 근원의 세계로서 고향이 지닌 힘으로 디지털 문명 또한 유지되는 까닭이다. 때문에 "뿌리에의 욕망은 질서, 자유, 책임, 평등, 안전에의 욕망과 동등하거나 그 이상"이라는 에드워드 렐프의 지적이나, "시인은 귀향(Heimkunft)의 노래로써 동시대인을 일깨워 삶의 터전으로, 고향으로 불러들여야 한다."는 하이데거의 지적처럼 박재홍의 시에서 민중의 토착적인 서사가 신화로 되살아나고 있다.

"사람은 나서 서울로 가고 말은 제주도에서 비롯되어야 하듯이 수구초심 둘 곳 없는 마음은 간헐천처럼 울며 뻘배가 황홀한 바람을 맞고 있는 장도 갯벌의 섬은 주름진 얼굴과 금 간 손바닥, 발바닥에 새긴 금 간 사금파리처럼 선명한 고된 노동의 자국이 가득합니다"(「코끼리 유배지 장도」 일부)처럼 벌교의 장도가 조선시대 코끼리 유배지였다니, 뉴스에서나 만날 일이자 장도의 주민만이 알고 있을 동화 같은 실화다. 장도의 서사가 현대인을 신비롭고 초월적인 신화의 세계로 유인하면서 치유의 출구로 작용한다.

아따 밥은 고봉으로 퍼 담소 사람이 밥심으로 살아야지 밥심이 밥 멕여 주는 것이 아닝께 그런 말 마시오 애들이 다녀와서 먹을 것은 있어야 안 하요 매일 식전 댓바람에 와서 저렇게 히번득하게 웃는 놈 뭐 이쁘다고 밥을 더 준다요.

며칠 후 아랫집은 양은이란 양은은 요강까지 가져갔는데 우리 집은 바람에 세숫대야도 길가로 날아갔는데 장독 위에다 표시 나게 올려놓고 갔다

저녁상을 받으며 하는 말이 거 보소 사람 사는 심정은 다 똑같네 있는 놈 잘사는 놈 남의 것 뺏어서 잘사는 놈들 다 살펴보면 우환이 끼는 놈은 사는 방법에 유돌이가 없어서 그런 것이네
〈

우덜한테는 한 끼 식사가 그들한테는 신성한 밥이
되는 것이니 줄 때는 고봉으로 섬기듯 줘야 우환이 안
끼네 알 것능가?

- 「적선」 전문

방언은 이제 신화적 언어로 살아있다. 방언이 사라진 자리에 표준어가 자리를 잡았고, 표준어가 자리를 잡은 고향의 서사에 적선하는 목소리도 더 이상 들리지 않는다. "아따 밥은 고봉으로 퍼 담소 사람이 밥심으로 살아야지 밥심이 밥 멕여주는 것이 아닝께 그런 말 마시오", 하는 대화는 소통이 차단된 신화적 언어가 되었다. 특히 "우덜한테는 한 끼 식사가 그들한테는 신성한 밥이 되는 것이니 줄 때는 고봉으로 섬기듯 줘야 우환이 안 끼네 알 것능가?"에 내재한 신화적 의식 또한 낯선 의식이다. 방언에 내재한 탈시대적인 서사가 동시대의 소외된 풍경으로 부상하면서 현대인이 잃어버린 원형 세계에 대한 향수를 야기하는 데 「적선」의 미학적 의의가 더하다.

젊은이를 도시에 뺏긴 전라도 땅에 불어온 근대화는 '매일 식전 댓바람에 와서 히번득하게 웃는 놈'에게 적선하는 풍경도 가져갔다. 물론 적선을 구하는 삶이 바람직한 삶일 수는 없으나, 따뜻한 적선이 고향의 순박한 서사를 상징하는 휴머니즘이었음을 간과할 수 없다. 이제 적선에 담긴 고향의 원형이 신화가 되어 휴머니즘의 회복을 꿈꾸도록 환기하고 있다.

    배편이 하루 2회밖에 없어요 인생길이 편도밖에 없는 것에 비해서는 기회비용이 조금 높은 편이지요 다섯 부락으로 나누어진 장도는 여양 진 씨가 처음 입도했다는데 지금은 인심 좋고 범죄가 없는 곳이기도 합니다

    벌교 꼬막 하면 이곳의 참꼬막을 말하는 것이지요 갯벌은 참꼬막의 보금자리 농부의 밭과도 같은 것이라 유난히 추운 겨울을 만나면 눈물이 납니다 노동이 서러워서가 아니라 삶이 어둑해서 서러운 곳을 향해 철부선을 타고 갑니다

-「철부선」 전문

동력 설비가 없어서 다른 배에 끌려 다니는 쇠로 만든 철부선이라니, 낯설어서 새롭고 드문 철부선 타고

오가는 장도의 서사가 신화로 부상한다. '여양 진 씨가 처음 입도했다는, 인심 좋고 범죄가 없는 곳으로 철부선이 있어야 비로소 가 볼 수 있는 소중한 곳'인 장도가 신화의 공간으로 살아난다. 철부선을 타고 육지를 오가며 어둑한 사람들이 살아가는 장도의 신화를 참꼬막이 더하고 있다. 양식 꼬막이 우리 밥상을 차지하는 시절에 참꼬막은 장도에나 가야 맛볼 수 있는 진정한 삶의 자락을 상징하는 신화적 세계이다.

벌교의 장도에서나 맛볼 수 있는 '참꼬막'처럼 제사상에 올릴 제물도 '참숭어, 참준치'여야 한다는 진정성의 시학은 신화 세계에서나 확인하게 되는 아이러니이다. "뭐 땜시 그라요 오메 수입산을 사부렀오 어쩐다요, 워쩌긴 뭘 어째 가서 바꾸등가 새로 사야지"(「제물」일부)라는 대화 속에서 방언이 지닌 진정성의 시학 또한 확인한다. 전라도의 민중적 서사가 그리고 그 일상어가 바로 시가 되는 방언의 시학이 획일화된 동시대성을 비판하는 기저로 작용하고 있다. 소외된 것이 가장 새로운 것임을 역설적으로 방증하는 전라도의 서사이자 방언이다. 현대성의 억압으로부터 우리를 초월하도록 승화시키는 신화의 힘인 것이다.

좌전에 앉아 환하게 웃는 주름진 얼굴은 황홀하게 타오르는 뻘밭의 결이고 표정이었는데, 그것은 시장 입구부터 사모님 소리를 듣는 자본주의의 기름진 얼굴에 눌려 그늘 속으로 숨는 허기였고, 사랑은 누구라도 그렇게 지켜지는 것이라 믿는 이 서러운 땅에 태어난 꽃 나는 그것에 말없이 코를 대고 지워진 기억 속에서 떠올리는 달 같고 태양 같은 이야기

-「노동의 꽃」 전문

'좌전에 앉아서도 환하게 웃는 주름진 얼굴'로 승화된 전라도의 민중적 서사가 '시장 입구부터 사모님 소리를 듣는 자본주의의 기름진 얼굴'과 대비되면서, '자본주의의 기름진 얼굴에 눌려 그늘 속으로 숨는 허기'로 치환된다. 전라도의 민중적 서사가 전라도의 토착성을 묘사하는 데 국한되지 않고 자본주의에서 외면당한 이 시대의 부정적 현실을 비판하는 데로 확장되고 있다.

그럼에도, 비록 현실은 자본주의가 지배하고 있을지라도, '나'를 키운 것은 '기억 속에 자리 잡은 달 같고 태양 같은 전라도의 뻘밭'으로, '사랑은 누구라도

그렇게 지켜지는 것이라 믿는' 이 땅의 민중의 힘에 있음을 '뻘밭의 노동'으로 일괄하고 있다. 세상이 뒤바뀌었을지라도 뿌리에 대한 신뢰를 상실하지 않음으로써 노동의 정체성이 건재하며, 민중을 꽃이 되게 하는 뻘밭의 힘이라는 박재홍의 전언이다. 뿌리째 뽑힐 수 없다는, 근원에 대한 박재홍의 신뢰가, 그리고 기억 속에 살아있는 고향의 원형이 전라도의 민중적 서사를 신화로 승화시키며 진정성의 시학을 낳고 있다.